D1718391

Der Weg zum Mannesherzen

Praktisches Kochbuch in lustigen Reimen

von Lise Ramspeck.

Schwabacher'sche Verlagsbuchhandlung
· Stuttgart ·

Der Weg zum Mannesherzen.

Praktisches Kochbuch

in

lustigen Reimen

von

Lise Ramspeck.

Stuttgart.

Schwabacher'sche Verlagsbuchhandlung.

Die Vorlage für diesen Reprint wurde uns von der Württembergischen Landes-
bibliothek in Stuttgart zur Verfügung gestellt. Wir bedanken uns für die freundliche
und unkomplizierte Zusammenarbeit.

Die Deutsche Bibliothek – CIP-Einheitsaufnahme

Ramspeck, Else:
Der Weg zum Mannesherzen : praktisches Kochbuch in lustigen
Reimen / von Lise Ramspeck. · 1. Aufl., · Rostock : Hinstorff, 2000
ISBN 3-356-00873-0

Photomechanischer Nachdruck der Ausgabe von 1898
© Hinstorff Verlag GmbH, Rostock 2000
1. Auflage 2000
Druck und Bindung: Wiener Verlag GmbH Nachf. KG
Printed in Austria
ISBN 3-356-00873-0

Vorrede.

Es konnte selbstverständlich nicht die Absicht der Verfasserin sein, die Zahl der vielen vorhandenen Kochbücher im eigentlichen Sinne um ein weiteres derartiges Werk zu vermehren, der Zweck des vorliegenden Büchleins besteht vielmehr hauptsächlich darin, durch eine humoristische Ausführung in anspruchslosen Versen (bei denen auch wohl das bekannte „Reim dich oder —" Anwendung finden mag) den Sinn für die edle Kochkunst bei jungen Frauen und heranwachsenden Mädchen zu wecken und zu fördern, sowie denselben auf solche Weise manche gute Ratschläge zu erteilen.

Wendet sich hiernach das anspruchslose Werkchen, wie dies schon der Titel besagt, zumeist an die jüngeren Mitschwestern, so wird es die Verfasserin doch mit ganz besonderer Freude und Genugthuung begrüßen, wenn sie durch ihre harmlosen Reimlein auch älteren, erfahrenen Hausfrauen hin und wieder eine angenehme Unterhaltung bereiten sollte.

In diesem Sinne bittet um eine wohlwollende Aufnahme des Büchleins

Darmstadt
im Herbst 1898.

Die Verfasserin.

Inhalts-Uebersicht.

Wichtige allgemeine Regeln.

Soll das Kochen machen Spaß,
Junge Hausfrau, merk dir das:
Steck das Feuer zeitig an,
Schür es fleißig dann und wann —
Nicht zu wenig, nicht zu viel,
Stets mit „richtigem Gefühl",
Damit alles g a r charmant,
Aber niemals a n g e b r a n n t!
Alle Töpfe müssen rein,
Zum Gebrauch stets fertig sein.
Fleisch, Gemüs, Kartoffel, Fisch
Sei geputzt app'titlich frisch
Möglichst morgens in der Früh,
Dann macht's nachher wen'ger Müh'.
Was von draußen ist zu holen,
Werd' rechtzeitig anbefohlen,
Denn es spart Dir viele Zeit,
Hast Du alles gleich bereit

Und brauchst nicht, soll's nachher glücken,
Stets die Magd spazieren schicken.
Auch das Küchenzettelmachen
Gehört nicht zu den leichten Sachen;
Besser wird es deshalb sein,
Es fällt abends dir schon ein:
1) Was erlaubt ohn' alle Sorgen
   Wohl das Wirtschaftsgeld für morgen?
2) Was kann wohl des Gatten Magen
   Gerade morgen gut vertragen?
3) Was wird für die Kinderlein
   Nützlich und wohlschmeckend sein?
(Denn, was du selbst am liebsten ißt,
Du über dem allem oft vergißt.)
Ist klar am Ende dir das „Was"? —
Fröhlich ans Werk, so wird es zum Spaß!
Ueber das „Wo" kann ja Zweifel nicht sein,
Denn nur in der Küche kocht man allein;
Und über das „Wie" belehren dich diese
Lustigen Rezepte von Tante Lise.

☙

1. Bereitung der Fleischbrühe.

Wurzelwerk und Suppengrün,
Niere, Salz und Knochen
Setz mit kaltem Wasser an,
Bis sie tüchtig kochen.
Dann erst thu das Fleisch hinein

In den Suppentopf;
Daß es ja nicht härtlich sei,
Es erst tüchtig klopf.

Was der Supp' an Kraft dann fehlt,
Bleibt dem Fleisch erhalten;
Magst hernach mit Fleischextrakt
Noch ein wenig walten.

Langsam, viele Stunden lang
Soll die Brühe sieden;
Allzustarker Wellenschlag
Werde streng vermieden!

Kocht sie doch mal zu sehr ein,
Werde nicht gleich bange:
Schöpfe siedend Wasser nach,
Daß es doch noch lange.

Schließlich gieß sie durch ein Sieb
Ohne alle Sorgen,
Was du heut nicht brauchen wirst,
Stell hübsch kalt bis morgen.

*

2. Hühnersuppe mit Reis.

Ein Huhn, so in den besten Jahren,
Das nicht mehr gerne Eier legt,
Und das, vor Schaden sich zu wahren,
Der Bauer gern zu Markte trägt,
Das liefert, kannst es glauben mir,
'ne ganz famose Suppe dir.

Mit Suppengrün nebst Salz und Wasser
Laß kochen es der Stunden drei,
Dann, ¹/₂ Stündchen vor dem Essen,
Gebrühten Reis schaff noch herbei.
Der wird hübsch gar ja baldigst sein,
Doch koch ihn niemals kurz und klein.
Das Fleisch vom Huhn laß nach Ermessen
In der Suppe oder extra essen.
's wird etwas trocken sein — o weh! —
Na! Dann schmuggle es in Frikassee!

❧

3. Sagosuppe mit Wein.

Ein Weinsüpplein gar lecker mundet,
Die Kinderschar das laut bekundet,
Und selbst der strenge Eh'gemahl
Ißt ab und zu es gern einmal.
Belesenen Sago muß ab man brüh'n,
Dann läßt in Wasser man weich ihn zieh'n,
Gießt Wein darauf, wozu man nimmt
Reichlich Zucker, Zitronenschale und Zimt.
Nun läßt man's langsam kochen gar,
Bis es dicklich ist, und die Körnchen klar.
Am besten sieht aus ein Wein, der rot,
Doch thut es weißer auch zur Not,
Und wohnst du nahe bei Frankfurt am Main,
So kann es ganz dreist auch Aepfelwein sein.

❧

4. Französische Suppe.

Peterſilie, Sellerie, Lauch,
Wirſing, gelbe Rüben,
Blumenkohl und Erbschen auch,
Zwiebel nach Belieben,
Putze ſäuberlich und nett
Jed's auf ſeine Weiſe,
Dämpf in Butter oder Fett
Es recht zart und leiſe.
Iſt es gar (doch ja nicht Brei!)
Auffüll Fleiſchbrüh' munter,
Miſch, daß es ganz lecker ſei,
Feine Klößchen drunter.
Jedes ruft dann: „O wie gut,
Es ſchmeckt wirklich prächtig!"
Das giebt Luſt und guten Mut,
Freut die Köchin mächtig.

❦

5. Griesmehlſüppchen fürs Baby.

In einem Töpfchen
Laſſe ein Tröpfchen
Milch ('s kann ¼ Schoppen ſein)
Recht tüchtig ſieden,
Doch hübſch vermieden
Werd' Ueberkochen und Anbrennen fein.
Ein Körnchen Butter
Thu, liebe Mutter,

Nebst Zucker und 'nem Löffelchen Gries da hinein.
So wird fürs Püppchen
Ein herrlich Süppchen
Schmackhaft gekocht baldigst fertig sein.

❊

6. Aepfelsuppe.

Nimm Borsdorfer Aepfelein fein,
(Es können auch sonst schmackhafte sein).
Die werden geschnitten und ausgekernt,
Die Schale säuberlich entfernt,
Citronenschal', Zucker und Zimt hinein,
Gestoßene Mandeln und ein Glas Wein,
Und in Wasser sodann, wie sich's gebührt,
Hübsch weich gekocht und wacker gerührt.
Ein wenig Kartoffelmehl auch zum Schluß
Die Brühe tüchtig „binden" muß,
Damit sie nicht zerfahren kann.
Dann richte sie mit Zwieback an,
Und streue, wenn es dir so lieber,
Zum Schluß noch Zucker und Zimt darüber.

❊

7. Bohnensuppe.

Für ungefähr sechs Personen
Nimm einen Schoppen trockne, weiße Bohnen.
(Weichst du sie über Nacht erst ein,
Werden viel schneller gar sie sein.)

Mit kaltem Salzwasser setz sie aufs Feuer
Und lasse sie kochen ganz ungeheuer.
Sind sie endlich so weich als dir lieb,
Rühre sie kräftig durch ein Sieb.
Ein Kochlöffel Mehl und geriebene Zwiebel
(Ein wenig Pfeffer ist auch nicht vom Uebel)
In Butter gedämpft dann, ziemlich hell,
Kommen noch an die Suppe schnell.
Hast du statt Wasser 'nen Fleischbrührest,
Mundet die Suppe den Deinen aufs best';
Und ist's in deinem Haus so Brauch,
Schmeckt u n d u r c h g e s c h l a g e n sie sicher auch.

8. Krebssuppe.

Für etwa a c h t Personen
Brauchst du, soll es sich lohnen,
F ü n f u n d z w a n z i g Krebse schön,
Die bekanntlich rückwärts gehn.
Sie werden in kochendes Wasser gethan,
Bis ihre Röckchen rot aussahn.
Dann thu erst Schwänz' und Scheren beiseit,
Die brauchst du nachher, das hat Zeit.
Das Uebrige, ohne die Galle zwar,
Zerstößt du im Mörser ganz und gar
Mit Butter und Mehl, soviel von nöten,
Dies röste, bis es sich schön thut röten

Fülle dann Fleischbrühe auf in Eile
Und koch es eine kleine Weile.
Rote Butter abschöpf, soviel dir lieb,
Das andere gieß durch ein feines Sieb.
Zum Schluß mußt mit Gelbei, Rahm, Muskat
                           du's würzen,
Auf feine Klößchen dann das Ganze stürzen,
Schwänze und Scheren zuletzt thun hinein,
So wird delikat wohl dein Süpplein sein.

9. Sauerampfersuppe.

Im Frühjahr, wenn in Feld und Hain
Das Grüne lustig sprießet,
Man solch frischgrüne Suppe auch
Ganz gerne mal genießet.
Den Sauerampfer wasche ab,
Zerhacke ihn sogleich,
Und dämpfe ihn in Butter
Nebst etwas Mehl hübsch weich.
Mit Fleischbrüh' koch ihn auf,
Muskatnuß reib daran,
Und mit zerrührtem Eigelb
Da richt zum Schluß es an.
Daneben magst du stellen
Gebratene Weckbröcklein,
Und sicher wird's dann schmecken
Vorzüglich groß und klein.

10. Nudelsuppe.

Für sechs Personen schlag zwei Eier,
Wirf Salz und so viel Mehl hinein,
Daß daraus wird ein Nudelteig,
Der nicht zu fest und nicht zu weich.
Davon roll auf dem Nudelbrett
Ganz dünne, breite Kuchen nett,
Die dürfen, damit sie werden trocken,
Ja nicht so dicht aufeinander hocken.
Dann schneide die in Streifchen klein
Und thu sie in heiße Fleischbrühe rein.
Dort müssen die Nudeln ununterbrochen
Ungefähr ein halb Stündlein kochen;
Doch eh' sie kommen auf den Tisch
Und dort gegessen werden frisch,
Man ein klein wenig Muskatnuß
Noch schnell darüber reiben muß.

❦

11. Kalteschale.

Im Sommer, wenn die Hitze
Arg plaget groß und klein,
Wird eine Kalteschale
Nicht zu verachten sein.
Im Süden Deutschlands nimmst
Du Obstwein zu dem Schmause,
Berliner Weißbier stets,
Bist nordwärts du zu Hause.

Korinthen wasche gut
Und koch sie rund und weich;
Mit Schwarzbrot, das du riebest,
Thu dann zum Bier sie gleich,
Reib ab eine Citrone
Und drücke aus sie sacht,
Den Zucker ja nicht schone,
So ist die Sach' gemacht.
Thust du aufs Eis sie stellen
Ein Stündchen noch recht kalt,
So schmecket, kannst mir's glauben,
Sie sicher jung und alt.

❦

12. Suppenschwämmchen.

Zwei Eier zerkleppere tüchtig,
Das ist zum Gelingen sehr wichtig.
Dann ein paar Löffel Mehl hinzurühr
Und würz es mit Salz und Muskat nach Gebühr.
Verdünne mit wenig Milch es sogleich,
Damit es wird ein zarter Teig.
Mit einem kleinen Löffel nun
Mußt du's in die wallende Suppe thun.
Drin muß es ununterbrochen
Ein Viertelstündlein kochen,
Auf daß jedes Bröckchen locker und leicht
Auch wirklich einem Schwämmchen gleicht.

❦

13. Gebackene Weckklößchen.

Zwei Wecke*) reibe ab,
Weich sie in Milch sodann,
Drück wieder fest sie aus
Und rühre noch daran:
Zuerst der Eier zwei,
Salz und Muskatenuß,
Ein Stückchen Butter auch,
Zwei Löffel Mehl zum Schluß.
Dann forme Klößchen draus,
Wälz sie in Weckmehl um
Und back in heißem Schmalz
Sie hellgelb ringsherum.
Gut schmecken sicherlich
In mancher Suppe sie;
Die Köchin aber hat
Davon nicht viele Müh!

14. Gebackenes Biskuit in die Suppe.

Zu siebzig Gramm Butter rühre du
Vier Eidotter recht schaumig dazu,
Drei bis vier Eßlöffel süßen Rahm,
Und, wenn der Schnee der Eier dazu kam,
Siebzig Gramm feines Mehl und ein wenig Salz;
Streich aus die Form mit Butter, nicht mit Schmalz,

---

*) Semmel.

Back es lichtgelb, schneid's in Streifchen dann
Und richte gute Fleischbrühe drüber an.

❋

15. Markklößchen.

Ein Stücklein Mark, das du thust kaufen,
Lasse am Feuer zuerst zerlaufen,
Kühl's wieder ab und verarbeit es dann
Mit geriebener Kruste und gezupften Brosam.
Geriebene Zwiebel, Salz, Muskatennuß,
Und gehackte Petersilie daran noch muß.
Dann form aus dem Teig runde Klößelein
Und thu in die kochende Supp' sie hinein.
Sie müssen zart und locker sein,
Drum rühre den Teig zu früh nicht ein,
Denn wenn du zu lange ihn stehen läßt,
Werden die Klößchen gerne fest.

❋

16. Gelbe Rüben (Mohrrüben).

Ja weißt du, mit Mohrrüben
Ist das so 'ne Geschicht':
Der eine, der mag sie,
Der andere nicht.
Gesund aber sind sie
Für groß und für klein,
Drum füge sie dreist nur
Dem Küchenzettel ein!

Haſt du ſie geſchabt und geſchnitten fein,

Nimm Butter, Zucker und Waſſer,

Und dämpfe ſie behutſam ein,

Dann ſchmecken ſie auch dem Praſſer.

Vor dem Anrichten noch Mehl

Rühr recht zart darunter

Nebſt gehackter Peterſil,

Die läßt ſie ausſehn munter.

   Nota bene:

   Sind die Rüben noch ganz jung,

   Nennt man ſie „Karotten".

   Sie werden auf dieſelbe Art,

   Nur weniger lange geſotten.

   Nimmſt ſtatt Waſſer Fleiſchbrüh du,

   Iſt es noch viel beſſer;

   Wenigſtens behaupten es

   Sicherlich die Eſſer.

⚜

17. Kernerbſen.

Junge Erbschen, die noch ganz

Zarte Kernlein haben,

Daran gerne ſicherlich

Viele Leut' ſich laben.

Mit Butter und Brühe

Da dünſte ſie weich,

Peterſilie und Zucker

Macht ſchmackhaft ſie gleich;

'ne Messerspitz' Mehl
Und ein Löffelchen Rahm,
Die kommen noch kurz vor dem
Anrichten dran.
Als Beilage passet
Dazu allerlei;
Soll fix es mal gehen,
Hol Schinken herbei.
      Nota bene:
Erbschen mit Karotten kannst
Du auch mal vermischen,
Um vereinigt Beides dann
Zierlich aufzutischen.

§

18. Grüne Bohnen.

Junge Böhnchen, schlank und zart,
Munden allen sehr;
Schneid sie fein der Länge nach,
Oder brock sie quer.
Daß du erst die Fäden zogst
Ab, ist doch bekannt?
Sowie, daß du wuschest sie
Rein von Staub und Sand?
Mit Wasser, Salz und Bohnenkraut
Da koch die Bohnen weich.
Dann nimm Mehl und Butter auch,
Röst es hellgelb gleich.

Thu Peterſilie, feingehackt,
Noch zum Schluß dazwiſchen,
Und, wenn's dann ein Weilchen zog,
Magſt du auf ſie tiſchen.

Nota bene:
Hierzu ſchmeckt ein Hering gut
Für den, der ihn mag leiden;
Doch wer ihn nicht eſſen mag,
Kann ihn ja vermeiden!
Mag dazu, ganz nach Ermeſſen,
Lieber Hammelsrippchen eſſen.

❀

19. Spargel.

Dieſen „König der Gemüſe",
Wie ihn der Franzoſe nennt,
Auch bei uns im deutſchen Lande
Man als ganz was Feines kennt.
Friſch geſtochen mußt ihn putzen,
Thun ins Waſſer dann ſogleich
(Reichlich darfſt du dieſes ſalzen)
Und dann koch ihn langſam weich.
Mancher liebt ihn mehr mit Butter,
Die man friſch zerlaſſen hat,
Mancher aber mit 'ner Sauce
Ißt an ihm ſich gerne ſatt.
Dieſe Sauce zu bereiten
Laſſe Butter leis zergehn,

Schütte Mehl daran und Spargel-
Brühe, und verrühr's recht schön,
Gieße etwas Rahm darunter,
Koch es eine kleine Weil,
Abzieh's mit drei Eigelb munter
Und gieb es zu Tisch in Eil.
Hast vom Kalb du dazu Schnitzel,
Finden sicher Anklang sie,
Nimmst du aber kalte Zunge,
Macht es dir noch wen'ger Müh.

❦

20. Spinat.

Gelesen und gewaschen fein
Kommt in kochend Salzwasser hinein
Ganz kurze Zeit nur der Spinat,
Bis gerad gebrüht man drin ihn hat.
Dann schnell er im kalten Wasser liegt,
Wird ausgedrückt und feingewiegt.
Mit Butter und Mehl, ohn' sich zu sputen,
Röstet man das Gemüs zehn Minuten,
Und wer es gut vertragen kann,
Der schwitz' auch noch 'ne Zwiebel dran.
Zum Schluß man dann noch würzen muß
Mit Pfeffer und Muskatennuß,
Und füll'n die nötige Fleischbrüh' dran
(Feiner schmeckt's mit saurem Rahm).

Doch als ich einmal fragen that:
„Sag, Schatz, was ist das Beste am Spinat?"
Versichert' mein Mann mir mit Feuer:
„„Liebe Frau, das sind die Eier!"""

❦

21. Heringskartoffeln.

Diese sehr pikante Speise
Vorbereit in dieser Weise:
Kartoffeln, es sollen recht mehlige sein,
Kochst, schälest und schneidest in Scheibchen du fein.
Ein paar Heringe, die man gut gereinigt,
Werden beim Hacken mit Zwiebeln vereinigt,
Welche aber, das darfst du nicht versäumen,
Erst in Butter man schwitzt, doch nicht läßt bräunen.
Eine Blechform streichst du sodann
Unten und seitwärts mit Butter dick an,
Streust sie mit Weckmehl vorsichtig aus,
Leicht rutscht das Ganze, wenn fertig, dann raus.
Packe nun zierlich Kartoffeln und Harung
Schichtweis hinein, und die kräftige Nahrung
Wird, gießt du noch Fleischbrüh' oder Rahm obenein,
Knusprig gebacken bald fertig sein.

❦

22. Sauerkraut.

In einen Topf, da thue du
Reichlich Fett, dann das Kraut dazu

Und Wasser so viel als das Kraut kann fassen,
Dann mußt du vier Stunden es kochen lassen.
Ob Zwiebel, ob Zucker ihm thut daran munden,
Mußt du beim Gatten vorsichtig erkunden.
Indes ein paar Aepfel und ein Gläslein Wein
Werden von Schaden gewiß niemals sein.
Dazu ißt ein Mann, im Norden geboren,
Gern Erbsenbrei und Schweineohren:
Doch der aus Süddeutschland ist nie bös,
Bringst du dazu ihm Leberklöß.

23. Schwarzwurzel.

Zuerst rührt eine zarte Brühe
Von Wasser, Essig, Mehl man an,
In die, damit schön weiß sie bleiben,
Man gleich die Wurzeln legen kann,
Nachdem sie geschabt und gewaschen rein
Und geschnitten sind in Stückchen klein.
Dann läßt man in siedendem Wasser mit Salz
Sie langsam kochen hübsch weich,
Dämpft drauf frische Butter mit etwas Mehl,
Und rührt an die Brühe das gleich,
Läßt sachte es zieh'n und beim Anrichten sei
Verschönt noch die Sauce mit Rahm und Gelbei.

24. Rosenkohl.

Die kleinen Kohlköpfchen, gestaltet wie Rosen,
Befrei von den äußeren Blättern, den losen;
Hast du sie gewaschen sauber und rein,
So leg sie in wallendes Salzwasser rein:
Da kochen sie dann, bis sie weich sich anfühlen,
Kommen auf ein Sieb, und müssen verkühlen.
Kurz vor dem Anrichten ans Feuer rück
Im Tiegel Butter, ein gutes Stück,
Laß sie zergehn, füg den Kohl und im Nu
Sauce von Fleischbrüh und Weißmehl dazu.
Eine Messerspitz' Zucker und nach Belieben
Eine Prise Pfeffer daran wird gerieben.
Schwing nun den Kohl behutsam und leis,
Daß er nur gerad' wird siedend heiß,
Doch ja die Röslein zerfallen nicht,
Das wäre sonst schad um das feine Gericht.

❦

25. Püree von Kastanien.

Die geschälten Früchte mußt
Recht heiß ab du brühen
Und die zweite Schale auch
Fix herunter ziehen.
Dämpf in guter Fleischbrüh' dann
Die Kastanien weich,
Wenn sie das geworden sind,
Durch ein Sieb sie streich.

Etwas Weißmehlfauce koch,
Diefe fügft du bei
Mit Zucker, Salz und Butter
Dem Kaftanienbrei.

Allzu dick und auch zu dünn
Darf er fein mit nichten!
Auf dem Feuer rühr ihn heiß
Kurz vor dem Anrichten.

Mancher liebt, an dies Püree
Sellerie zu mifchen,
Meiftens aber wird man wohl
„Pure" auf es tifchen.

☙

26. Beeffteak.

Ochfenfleifch, am beften von den Lenden,
(Allenfalls kannft Roaftbeef du verwenden)
Dreffiere zu paßlichen, zolldicken Stücken
Und häckle fie mit dem Mefferrücken.
In reichlicher Butter dämpf Zwiebel halb weich;
Nun thu das Fleifch hinein, doch ja nicht gleich,
Und erft wenn das Beeffteak ins Fett du thatft ftürzen,
Mußt hübfch du mit Pfeffer und Salz es würzen
Dann brat es auf beiden Seiten braun,
Doch fchnell muß es gehn, fonft fchmeckt es kaum.
Mit Sardellenbutter und Citronenfcheiben garniert,
Wird das Gericht möglichft fchleunig ferviert.
Und wer fich das noch leiften kann,
Der richtet Setzeier darauf an.

☙

27. Allianzbraten (Falscher Hase).

Drei gleiche Teile Fleisch
Vom Kalb, vom Schwein und Rind,
Natürlich feingehackt,
Das weißt du wohl, mein Kind?
Verrühr mit Ei und Butter,
Gewürz und Mehl vom Weck;
Form davon einen Braten,
Besteck ihn fein mit Speck.
Leg ihn in heiße Butter,
Begieß ihn fleißig dann,
Und füge außer Wasser
Dazu ein wenig Rahm.
In einem kleinen Stündchen
Ist fertig er gebraten
Und, gabest hübsch du acht,
Auch sicher wohl geraten.

❀

28. Cotelettes.

Cotelettes von Kalb sowie vom Schwein
Müssen hübsch sauber geschnitten sein,
Die Knöchelchen ja recht blank gemacht,
Darauf gieb nur besonders acht.
Hast du sie nun geklopfet auch,
Frisch in zerkleppertes Ei sie tauch.
Wälze sie dann in Weckmehl mit Salz,
Und back sie lichtgelb in Butter oder Schmalz.

Liebst du daran noch Pfeffer und Zwiebeln,
Kann dir das sicher niemand verübeln.
Ueber Geschmack soll man streiten nicht,
Denn nicht jedes ist jedem sein Leibgericht.

☙

29. Frikandellen.

Keine Hausfrau, nicht die beste,
Kann vermeiden, daß ihr Reste
Teils von Fleisch und teils von Braten
In die Speisekammer geraten.
Wie man diese nun wird los,
Daß sie schmecken ganz famos,
Wirst mein Kind du hiermit hören,
Lasse dich nur recht belehren!
Die Reste mit Zwiebeln hack fein geschwinde
Und reib von zwei Semmeln ab die R i n d e.
Die K r u m e derselben du weichen läßt
Und drückst sie wieder aus recht fest.
Nun hole noch Mehl, der Eier zwei
Und Pfeffer, Salz, Muskat herbei.
(Besser noch werden die Frikandellen
Thust f r i s c h e s f l e i s c h a u c h dazu du gesellen.)
Hast schließlich du die Masse gerührt,
Hübsch durchgeknetet, wie sich's gebührt,
Formst längliche Küchlein du draus zum Schluß,
Die man in Weckmehl wälzen muß.

Die backe dann in Schweinefett
Auf beiden Seiten braun und nett.
In mancher Gegend heißt dieses gute Gericht:
„Illustrierte Wochenübersicht!" —
Was übrig bleibt, ißt wohl dein Mann
Am Abend k a l t gern dann und wann.

30. Boeuf à la mode.

Ein Stück recht zartes Ochsenfleisch,
Das klopfe ganz gehörig weich
Und spicke es dann auf dem Fleck
Recht durch und durch mit Stückchen Speck.
In einen Topf nun thue du
Salz und sonst an Gewürz dazu:
Lorbeer, Muskat und Nägelein,
Citrone, Pfeffer, Zwiebeln klein,
Und schütt, eh' du das Fleisch packst ein,
Zuletzt dazu ein Gläschen Wein.
Thu etwas Wasser daran noch gießen
Und f e s t dann den Topf mit dem Deckel verschließen.
Am besten ist's, wenn du sogleich
Dann zu ihn klebst mit etwas Teig.
Damit nichts geh' an Kraft verloren,
Laß l a n g s a m das Gericht nur schmoren
Viel Stunden lang und schüttle es sacht;
Doch a u f den Topf nicht eher man macht,

Als bis die Essenszeit heran,
Und man es gleich anrichten kann.

❦

31. Hasenpfeffer.

Bauchlappen, Leber, Lunge,
Lauf, Herz, Kopf, Hals und Zunge,
Was alles zum B r a t e n nicht brauchen man kann,
Richtet auf folgende Art man an:
Ein paar Löffel Mehl läßt mit Butter man bräunen,
Füllt Essig und Wasser dazu ohne Säumen:
Citronenscheib', Nelken, Muskatennuß,
Salz und ein Lorbeerblatt daran noch muß.
Dann füge bei Speck und das Fleisch sogleich
Und dämpfe es gemächlich weich.
Beim Anrichten gieß ein Glas Rotwein dazwischen,
Kartoffelklöß' kannst du dazu auch auftischen.
Dann rufen gewißlich die Lieben Dein:
„Was Leckeres ist doch solch Hasenklein!"

❦

32. Gulasch.

Ein Stück Rindfleisch, weich und zart,
Schneide du nach Würfelart,
Misch daran geschnittnen Speck,
Laß die Zwiebeln ja nicht weg!
Salz, Butter, Pfeffer, Paprika
Sei zum Rösten gleichfalls da,

Etwas Mehl rühr noch darunter,
Und dann röst es frisch und munter,
Bis der Fleischsaft, der rausgespritzt,
Wieder eingebraten ist.

Citronensaft, Fleischbrüh, ein Gläschen Wein
Gieße flugs darüber fein,
Deck es zu, und schmor es sehr
So zwei Stündlein ungefähr.
Hast zum Besuch du 'nen Ungarn da,
Nimm Hammelfleisch und viel Paprika,
Denn so ein echter Ungarnmagen
Von beiden kann sehr viel vertragen.

33. Gefüllte zahme Enten.

Ist das Entlein rein gerupft,
Gesengt und ausgenommen,
Muß zum Schluß es noch einmal
In frisches Wasser kommen.
Dann reibt man ein es fix mit Salz
Von außen und von innen
Und kann mit dem Füllsel gleich
Wie jetzt folgt beginnen:
Man hacket die Leber
Mit doppelt viel Speck,
Petersilie, Schalotten,
'ne Hand Mehl vom Weck.

Fügt Salz, Pfeffer, Nelken,
Citronenfaft, dann
Zum Schluß noch das Gelb
Von zwei Eiern daran.
Mengt's gut durcheinander
Und stopft es in Ruh'
Ins Bäuchlein des Vogels
Und näht es fein zu.
Mit Speck dann und Butter
Zwei Stunden es briet,
Bis knufprig und bräunlich
Es lecker geriet.
    Nota bene:
Gern ißt fie auch der Zeitungsmann,
Doch feine Frau es betrübt,
Daß niemals d i e Enten fie braten kann,
Die er gedruckt verübt! —

🌸

34. Hirfchziemer.

Einen Ziemer muß man wafchen
Und dann fauber häuteln ab.
Peterfilie und Schalotten,
Zwifchen die man Pfeffer gab,
Hackt man mit Bafilikum,
Dreht darin Speckfchnitten um.
Mit den Schnitten fpickt man nun
Zierlich dicht den Rücken.

Wer ein bißchen Uebung hat,
Dem wird es schon glücken.

Und nun schnell die Pfann' herbei,
Da hinein muß mancherlei:
Zwiebeln, Salz und Lorbeerblätter,
Selleriewurzeln fein,
Müssen außer Speck und Essig
Bei dem Braten sein.

Deck feste dann den Deckel zu,
Und laß es dämpfen in aller Ruh.
Hernach in Butter Mehl röst gelb,
Rühr's an mit Fleischbrüh gleich,
Und gieb es an den Braten,
Eh' er kocht vollends weich.
Zum Schluß die Sauce voller Kraft
Noch würze mit Citronensaft.

Glaub, es behagt fast immer
Dem Mann solch saft'ger Ziemer!

❧

35. **Gebratene und gefüllte Gans.**

Wenn die Tage kürzer werden
Und Martini naht auf Erden,
Bestellt bei seiner Grete sich der Hans
Eine gut gebratene Gans.
Gret', nach guter Frauen Art,
Wählt ein Gänslein, jung und zart,

Nicht zu fett und nicht zu mager,
Nicht zu dick und nicht zu hager,
Rupft, putzt, sengt, nimmt aus es fein,
Wäscht's und reibt mit Salz es ein;
Endlich schreitet sie zur Fülle,
Wie es gerade Hansens Wille.

Mit Kartoffeln und mit Zwiebel
Gans zu füllen ist nicht übel;
Mancher sagt, es muß noch dran
Eine Prise Majoran.

Mehr liebt dieser noch Kastanien,
Wie sie wachsen wild in Spanien;
Jener meint, es müssen sein
Drin Borsdorfer Aepfelein;
Und ein Fünfter endlich will,
Daß aus Fleischfarc' sei die Füll'.

Na! Frau Grete sicher weiß,
Welches Hansens Lieblingsspeis!
Seht, sie lacht und näht im Nu,
Recht gefüllt, ihr Gänslein zu.
Dann in Wasser, worin Salz
Und das gut gewaschne Schmalz,
Bratet sie das Vöglein braun,
Höchst appetitlich anzuschaun.

Ist es gar, so schöpfet nett
Sie erst ab das Gänsefett;
Kocht die Sauce noch ein wenig
Mit 'nem Löffel Rahm recht sämig,

Und stellt freudestrahlend dann
Die Gans vor ihren lieben Mann.
Der spricht mit fröhlichem Gesicht:
„Ha! Heute giebt's mein Leibgericht!"
Und eh' man recht sich's noch versah,
Sind nur die Knöchelchen noch da. —

36. Saurer Kindsbraten.

Ein fettes Stücklein kaufe du —
(Das dicke Schwanzstück taugt trefflich dazu)
Und leg es in Essig mehrere Tage,
Obenauf Gewürz eine ganze Lage,
(Auch Sauermilch ist dazu nicht dumm)
Und wende es öfter darin um.
Willst du es nun braten, so spick es gut,
Doch sei mit dem Salzen recht auf der Hut.
Leg es in Zwiebel und Fett von Nieren,
Brat es auf allen Seiten braun ohn' Zieren.
Hat es die richtige Farbe bekommen,
Wird ein wenig kochendes Wasser genommen,
Löffelweis der Braten mit „abgeschreckt"
Und dazwischen immer gut zugedeckt.
Nach ungefähr zwei reichlichen Stunden
Dein Brätlein wohl wird gar befunden,
Da kommt noch an die Sauce heran
Etwas Mehl, verrührt mit Rahm.
Und wirst ordentlich alles besorgt du haben,
Thut sich dein Männchen sicher dran laben.

37. Hasenbraten.

Ein Häslein, kann ich dir nur raten,
Wähl ab und zu zum Sonntagsbraten.
Hat dein Mann es selbst geschossen,
Freu dich dessen unverdrossen;
Doch sollt' Er „Sonntagsjäger" nur sein,
So kaufe lieber du es ein.
Hast du dem Häslein genommen sein Fell,
Alles Unreine entferne erst schnell.
Dann teil ab, was zum Pfeffer man nimmt immer,
Und behalte zurück nur Schlegel und Ziemer,
Die häutle und spicke und brat sie sogleich,
Nachdem sie gesalzen, in Butter hübsch weich.
Die Sauce darf ja nicht zu dunkel sein,
Zum Schluß saurer Rahm macht sie dicklich und fein.
Beim Einkauf merke dieses dir:
Leicht ein reißt das Ohr vom jungen Tier.
Sind fest Meister Lampes „Löffel" indessen,
So laß ihn lieber von anderen essen!

❋

38. Junge Tauben zu braten.

Die Täubchen werden abgerupft,
Gesengt und rein geputzet,
Gewaschen, drauf mit Salz bestreut,
Und dies zum Füllen benutzet:
Zuerst weichst du ein Milchbrot ein
Und drückst es wieder aus,

Nimmst Butter, Zwiebel, Petersil,
Und machst 'nen Teig daraus.

Dem fügest bei Muskatennuß,
Salz und zwei Eier du,
Füllst mit dem Teig so Leib wie Kropf
Und nähst zum Schluß sie zu.
Ein paar Minuten steck sie dann
Geschwind in heiße Brühe;
Sie werden rundlich und sehr nett
Davon ohn' jede Mühe.
In Butter brate langsam braun
Dies leckere Gericht.
Wie gut es allen schmecken wird,
Fürwahr, „du ahnst es nicht!"

❧

39. Ochsenlende.

Befrei ihn von Brocken und von Fett,
Daß seine Form hübsch und adrett,
Reib tüchtig mit Salz und Pfeffer ihn ein,
Und spick ihn säuberlich und fein.
Dann lege mit Zwiebeln, ohn' dich zu zieren,
Ihn auf würflig geschnittenes Fett von Nieren,
Deck die Pfanne zu, und laß ihn braten,
Bis seine Farbe gut dir geraten.
Nun wende den Braten her und hin
Und begieß mit der fetten Sauce ihn.

Ist die Sauce recht hellbraun und schön,
Wird sie abgefettet und mit Rahm versehn.
Vor dem Anrichten tranchier den Braten in Scheiben,
Die fest aufeinander liegen bleiben,
Und rings um das Ganze müssen sein
In Butter gebratene Kartöffelchen klein;
Auch glaub' ich, daß du niemals irrst,
Wenn du Mixed Pickles dazu servierst.

❊

40. Schweinebraten.

Im Leben ist's Schwein ein mißachtetes Tier,
Geschlachtet, da mundet es herrlich dir.
Was sollten wir wohl in der Küche machen
Ohne die guten „schweinernen" Sachen?
Gäb' es nicht Wurst und Schmalz und Speck,
Wie käme die Köchin da vom Fleck?
Und ein guter Schweinebraten
Kann so leicht auch nicht mißraten.
Legst du ihn mit Salz und Fett in die Pfann',
(Mancher liebt Zwiebel und Majoran dran)
Gießt immer mal kochendes Wasser dazu,
So kannst du erwarten mit Herzensruh',
Daß er hübsch braun, doch schwärzlich nicht,
Nach zwei Stunden kommt fertig ans Tageslicht.

❊

41. Kalbsbraten mit Sahne.

Vom Kalbe nimm ein Nierenstück
Oder eine Keule,
Klopf's, und leg's in saure Milch
Eine ganze Weile.

Nach zwei Tagen reib es ab,
Bis es trocken war,
Brat's mit Salz und Butter an,
Aber nur halb gar.

Einen Schoppen Sahne fügst
Du dazu nun gleich,
Gießt damit den Braten oft,
Bis er richtig weich.

Von der Sahn 'nen Ueberzug
Muß der Braten haben,
Der so appetitlich ist,
Daß er's Aug' thut laben.

Ist der Braten aus der Pfann',
Rühr den Satz hübsch los,
Mach 'ne seim'ge Sauce draus,
Die schmeckt ganz famos,

Wenn, nahmst du das Fett herunter
Du noch ihre Kraft
Stähltest mit Sardellenbutter
Und Citronensaft.

Lecker sicher wird befunden
Solch ein Brätelein,
Und dazu, glaub's nur, wird munden
Ein Salätlein fein.

⚜

42. Schinken in Burgunder.

Zwölf Stunden lang gewässert ein
Muß zuerst ein Schinken sein,
Sauber kratze ab sodann,
Was noch schwarz und trocken dran.
Anfangs in Wasser stark koche ihn,
Hernach muß er ein paar Stunden zieh'n.
Doch darf er nicht werden allzu weich,
Stich hinein, so merkst du's gleich.
Nahmst ab du dann Schwarte und unnützes Fett,
So lege ihn in die Pfanne nett.
Vorher aber mußt du, liebes Kind,
Von cirka fünf Pfund Fleisch vom Rind
'ne starke Brühe kochen ein
(Die muß wie dünner Syrup sein).
Die koch mit Zucker, so vier Lot,
In einer Flasche Wein, der rot,
Noch einmal auf und gieße dann
Sie über den Schinken in die Pfann'.
Im mäßig heißen Ofen zum Schluß
Man fleißig ihn begießen muß,

Bis der Schinken glaciert ist anzusehn,
Und der Fond verkochet ist recht schön.
Mit braunem Coulis die Sauce misch
Und bringe sie ohne Fett auf den Tisch.
Um den Braten aber richte an
Rings geschmorte Zwiebeln dann;
Und die Gäste werden preisen
Diese delikaten Speisen! —

✿

43. Sülze oder Preßkopf.

Zwei Ohren nimm von einem Schwein,
(Das eine kann gesalzen sein)
Ochsen- und Schweinefleisch dazu noch, so
Daß es von jedem ein viertel Kilo,
Und vom Kalb ganz ungezwungen
Nimm drei Füß' und ein paar Zungen.
Dies alles koche dann sogleich
In Salzwasser, Zwiebel und Lorbeer weich.
Wird das Fleisch verkühlet sein,
Schneid's in Würfel, die ganz klein.
Durchgeseiht wird drauf die Brühe,
Und dann kommt ohn' jede Mühe
Das geschnittene Fleisch hinein
Mit einem Glas Essig und einem Glas Wein;
Um recht es zu würzen dann, thue du
Kapern, Citronenschal', Nelken und Pfeffer dazu,

Und laß es ohne Sang und Klang
Noch kochen 'ne halbe Stunde lang.
In Schüsseln verwahrt bis zum nächsten Tag
Man es umstürzen, servieren und essen mag,
Doch bleibt der Preßkopf appetitlich und schön
Im Sommer selbst der Tage zehn.
Mit Gürkchen und Ei auf mancherlei Art
Kann man verzieren ihn recht apart,
Essig und Oel dazu nur aufstellen,
Oder 'ne Remouladensauce dazu gesellen.
Dabei kommt es hauptsächlich an
Auf den Geschmack von deinem Mann.

※

44. Sauce zu kochen.

Eine Sauce recht pikant zu machen,
Gehört, mein Kind, nicht zu den leichten Sachen.
Ohne Geduld wird geraten sie nie,
Es gehört dazu fast ein wenig Genie.
Drum einer Köchin Trefflichkeit
Mißt an der Sauce man allezeit.
Zur Grundlage gebrauchst du traun
Entweder Mehl mit Schmalz und Zucker, geröstet b r a u n,
Oder, wenn die Sauce w e i ß soll bleiben,
Mußt du Mehl mit Butter zart verreiben,
Daß W e i ß e s wie B r a u n e s gleichmäßig anschwitze,
Stell nie es auf zu grelle Hitze.

Und Zwiebeln giebst du am besten erst dran,
Wenn schon die Brühe dazu gethan.
Versuch es nun und gieb fein acht,
Uebung auch hier die Meisterin macht.

❧

45. Gelbe holländische Sauce zu Fisch.

Butter thu in einen Topf,
Etwa sechzig Gramm,
Rühre mit vier Eigelb schnell
Sie zusammen dann.
Würze mit Muskatenblüt'
Und 'nem Lorbeerblatt,
Zitronenschal' und Zucker auch,
Die man gestoßen hat.
Knet es durch mit etwas Mehl
Und rühr an die Masse
Guten, kalten Weinessig,
Ungefähr 'ne Tasse.
Nun gieß siedend Wasser zu
Und laß leicht es kochen,
Damit es nicht gerinnen kann,
Rühr's ununterbrochen.
Diese Sauce sicherlich
Lecker wird befunden,
Wenn sie etwas dicklich ist
Und recht gut gebunden.

❧

46. Warme grüne Sauce.

Im Tiegel laß Butter werden heiß
Und dämpf etwas Mehl drin gelblich weiß.
Gieb dazu auf gewohnte Art
Heiße Brühe und verrühr 's recht zart.
Dann hole möglichst frisch aus dem Garten
Dir grüne Kräuter aller Arten:
Schnittlauch, Borage, Estragon,
Petersilie, Kerbel, Basilikon,
Pimpernell, Pfefferkraut, ein Zwiebelein,
Das hacke alles kurz und klein,
Und thu's, ohn' lange dich zu zieren,
An die kochende Sauce rühren.
Mit Salz und Essig würz es dann
Und thu zuletzt sauren Rahm daran.

☙

47. Obstsauce zu Mehlspeisen.

Nimm dazu Johannistrauben,
Himbeeren oder Kirschen.
Es schmeckt auch ganz famos,
Thust du die drei vermischen.
Verlesen und gewaschen
Wird jed's für sich allein,
Die Kirschenkerne stößt du
In einem Mörser fein.
Ist dann gekocht der Saft,
So treib ihn durch ein Sieb,

Und füge Zucker bei,
So viel dir eben lieb.

Mit Zimmet oder Nelken
Die Sauc' man würzen kann,
Zum Schluß, damit sie dicklich,
Rührt etwas Mehl man dran.

Zu jedem Pudding fast
Kann w a r m man sie auftragen,
Doch hast du Flammeri,
Wird k a l t sie mehr behagen.

❧

48. Madeira-Sauce zur Zunge.

Butter, fünfundsiebzig Gramm,
An die Mehl, zwei Löffel, kam,
Werden erst geröstet traun,
Bis sie sind app'titlich braun.

Citronenschal', Zucker, Zwiebel dann
Thu nebst 'nem Schoppen Fleischbrüh' dran,
Und koch ohn' jedes Sputen
Es langsam fünfundzwanzig Minuten.

Fleischextrakt ein Löffelein
Wird der Sauc' von Vorteil sein;
Salz und Pfeffer nach Ermessen
Nimmer darfst du dran vergessen.

Wenn zum Schluß, daher der Nam',
Noch Madeira zwischen kam,

Treibſt du, was kann dabei ſein,
Die Sauce durch ein Haarſieb ſein.
Beim Anrichten leg um die Zung' im Kranz
Kleine Kartoffeln gebraten g a n z,
Und thu etwas Sauce darüber ſtreichen,
Die übrige läßt du extra zu reichen;
Und großer Appetit der Gäſte wird bekunden,
Wie herrlich das Gericht thut munden.

❧

49. Meerrettich.

Vom Meerrettich nimm eine Stange,
Und reibe ſie, doch ja nicht lange,
Eh' du gebrauchſt es, junge Frau,
(Vom Stehen wird es nämlich grau!).
Dann kannſt mit Weckmehl, Butter und Brühe,
Ein wenig Zucker und Salz, ohne Mühe
Die Sauce du kochen, und, wenn du es liebſt,
Beim Anrichten du noch Eigelb zugiebſt.
Auch k a l t gerührt auf mancherlei Art,
Schmeckt Meerrettich fein und apart:
1) Reib zum Meerrettich ein paar Aepfel klein,
   Und miſch darunter Zucker und Wein.
2) Oder du reibſt ihn und richteſt ſodann
   Verrührt mit Oel, Eſſig und Pfeffer ihn an.
In mancher Gegend, wo es ſo Brauch,
Ißt man zur Wurſt roh gehobelt ihn auch.

Du kannst daraus nun wohl ermessen,
Daß sehr verschieden man ihn kann essen,
Doch soll es auch solche Leute geben,
Die Meerrettich niemals mögen im Leben.

❧

50. Sardellensauce.

Zuerst wasch und entgrät
Ein viertel Pfund Sardellen.
Citronenschal- und -Mark
Magst du dazu gesellen.
Schalottenzwiebeln klein,
Petersilie, sowie Kapern,
Das alles wiege fein,
Dann wird's hernach nicht hapern.
'nen kleinen Löffel Mehl
Schwitz gelb in Butter an,
Dämpf das Gehackte mit,
Füll Fleischbrüh' auf, sodann
Es wohl ein „Sößlein" wird,
Zu dick nicht, nicht zu dünn,
Das jedem Gourmand selbst
Zu essen dünkt Gewinn.

❧

51. Mayonnaisensauce.

Diese Sauce zu bereiten,
Dazu giebt es, ohne Streiten,

Der verschiednen Wege viel,
Die da führen zu dem Ziel.
Gern nun will ich dir verraten,
Wie sie leicht dir wird geraten,
Und wie hat dein lieber Mann
Sicher seine Freude dran.
Zuerst da schwitz ein wenig Mehl
Recht hübsch weiß in reichlich Oel,
Füg Brühe zu von w e i ß e m Fleisch
Und ein wenig Aspik gleich.
Koch davon 'ne Sauce dünn,
Und stell sie zum Verkühlen hin.
In 'nem Napf zerrühr nun richtig
Eigelb zwei mit Salz recht tüchtig.
Die Sauce dazu durchs Sieb gieb schnell,
Das Ganze dann aufs Eis nur stell.
Dem fügst Oel, Essig, Pfeffer du,
Wenn ihr es mögt, auch Zucker zu,
Und rührst's mit möglichstem Geschick,
Bis es geworden glatt und dick.

52. Weinschaumsauce oder Chaudeau.

Der Eidotter rühr vier,
Der ganzen Eier zwei,
Mit reichlich vielem Zucker
Zu einem dünnen Brei.

Dann schüttest du dazu
'ne viertel Flasche Wein,
Die Schale und den Saft
Einer Citrone klein.
Auf lindes Feuer stell's
Kurz eh 's Anrichten naht,
Und peitsche tüchtig mit
Der Rute es von Draht.
Hübsch ordentlich gieb acht,
Und laß es kochen kaum,
Denn sonst zusammensinkt
Schnell wieder dir der Schaum.
Chaudeau zur Mehlspeis ißt
Sehr gerne klein und groß;
Kannst oft bereiten ihn,
Wirst ihn stets reißend los.

❦

53. Tomatensauce.

Paradies- und Liebesäpfel
Sind sicher dir bekannt,
In mancher Gegend werden
Tomaten sie genannt.
Von diesen wähl ein Dutzend
Recht reif' und rote aus,
Und drück zuerst das Wasser
Und auch die Kerne raus.

Mit etwas magerm Schinken,
Butter und Zwiebel gleich,
Gewürz und Pfefferkörnern,
Nebst Lorbeer dünst sie weich.
Den Schinken und die Zwiebel
Entfernest wieder du,
Und thust dafür hübsch Weißmehl
Und gute Fleischbrüh' zu.
Koch eine seim'ge Sauce,
Treib durch ein Sieb sie munter,
Und misch, soviel ihr gerne eßt,
Salz und Citrone drunter.

❋

54. Fische zu kochen.

Zeitweilig zur Abwechslung
Bringet auf den Tisch
Jede Hausfrau gerne mal
Sicherlich auch Fisch.
Und bei festlichen Diners
Längst ja ist es Brauch,
Daß der eine Gang besteht
In Fischspeisen auch.
Fische ißt man allerlei,
Nichts wird da geschont,
Was im Bächlein oder Fluß
Und im Meere wohnt.

Der Rezepte mancherlei
Thu' ich dir hier kund;
Koch danach, so schmeckt es wohl,
Ist auch sehr gesund.
Doch beim Einkauf nie vergiß
Jene Weisheit grau,
Die, so alt sie immer ist,
Heut noch paßt genau:
„Frische Fische — gute Fische!"

❦

55. Ganzer Zander.

Erst geputzt und ausgenommen,
Dann gewaschen gut,
Man den Zander ohne Flossen
In den Kessel thut.
Gießet kaltes Wasser drüber,
Daß er darin schwimmt.
Als Gewürz man Lorbeerblätter,
Salz und Zwiebel nimmt.
Eine Stunde vor dem Essen
Bring zum Kochen ihn,
Und laß dann an heißer Stelle
Langsam gar ihn zieh'n.
Auf die Schüssel nun gehoben,
Leg ihn auf den Bauch,
Kannst ihn zier'n mit Petersilie
Und mit Eiern auch.

Dazu giebst du Salzkartoffeln,
Senf und braune Butter,
Und es wird den Deinen schmecken
Sicher solch ein Futter.

❦

56. Blaue Forellen.

Wie so lustig die Forelle
Schwimmt im Bächlein auf und ab,
Das weiß wohl ein jeder Deutscher,
Da manch Lied von Kunde gab.
Und wer einmal sie gegessen,
Sicherlich es nie vergißt,
Weil sie einesteils sehr lecker,
Andrerseits meist teuer ist.
Kommt dir nun in deine Küche
Dieses Fischlein fein und zart,
Wasch und putz es ja behutsam
Und koch's dann auf diese Art:
Erst leg es auf eine Schüssel,
Mache es mit Essig blau,
Und dann thu's in kaltes Wasser,
Wie den Zander ganz genau,
Aber nur ein h a l b e s Stündchen
Darf so ein Forellchen zieh'n,
Dann geschwinde an es richte
Und fix auf den Tisch mit ihm.

Hübsch verzier's mit Petersilie,
Frische Butter daran thu;
Mit „Verstand" müßt ihr es essen,
Wünsch' guten Appetit dazu.

❦

57. Gekochter Aal mit Salbei.

Sind nur klein und dünn die Aale,
Läßt du sie in ihrer Schale,
Sind sie aber dick und fett,
Ziehst du ab die Haut erst nett.
Dann den gut gewaschnen Aal
Schneid in Stücke recht egal.
Einen Topf jetzt hol herbei,
Thu Essigwasser, Salz, Salbei,
Pfeffer, Zwiebel, Lorbeerblatt,
Nelken auch, wer gern sie hat,
Mit dem Aal hinein sogleich
Und koch's miteinander weich.
In Berlin, vergiß mir's nicht,
Nennt „jrienen Aal" man das Gericht;
Soll das nun schmecken wirklich „schön",
Müssen „Pellkartoffeln" daneben stehn,
Und immer auch dabei muß sein
Ein Salat von „Jurken" sein.

❦

58. Gespickter Hecht.

Einen großen, schönen Hecht
Schuppet, putzet, wäscht man recht,
Zieht die Haut am Rücken weg,
Spicket ihn mit feinem Speck.
Zwölf Stunden lang legt man den Fisch
In eine Marinade frisch,
An die Gewürz und Lorbeerblatt,
Salz, Essig, roten Wein man that.
Damit das Salz recht dringet ein,
Muß öfter er gewendet sein.
Dann zwischen Butter und Speckplatten auch
Legt in die Pfann' man den Fisch auf den Bauch.
Mit Brühe kocht die Marinade
Man tüchtig auf, das ist kein Schade,
Gießt sie durchs Sieb und thut sodann
Weißmehl und Zuckerjüs daran.
Mit dieser Sauce muß den Hecht
Man fleißig nun begießen recht,
Ihn braten dann im Ofen braun,
Bis er hübsch glänzend anzuschaun.
Zum Schluß man ihn servieren kann
Mit brauner Kapernsauce dann.

59. Bierkarpfen.

Hast du den Karpfen gestochen gut,
So fang in Essig auf das Blut,

Drauf schupp und wasche ihn recht nett,

Und leg ihn auf ein reines Brett;

Mit Vorsicht ihm den Bauch aufschneide,

Und nimm heraus das Eingeweide;

Lös ab die Galle mit Geschicke

Und schneid den Fisch in hübsche Stücke.

In eine Kasserole nun

Mußt du geschnittne Zwiebel thun,

Darauf den Fisch nebst Pfefferkuchen

Recht glatt zu packen dann versuchen.

Thu dran Gewürz und Zucker reiben,

Und Salz, Lorbeer, Citronenscheiben,

Nebst reichlich Braunbier gieße zu,

Dann koch's auf starkem Feuer im Nu.

Recht fleißig mußt du es begießen

Und ja nicht lassen dich's verdrießen,

Den Topf zu schütteln dann und wann,

Damit der Fisch nicht brenne an.

Zuletzt ein Stück Butter laß gelb werden gut,

Und mische es mit dem Karpfenblut.

Thu's an die Sauce und koste genauer,

Ob nicht sie zu süß, zu salzig, zu sauer?

Scheint im Geschmack sie recht zu sein,

So koche sie noch ein bißchen ein,

Bis daß sie ist hübsch dunkelbraun

Und so recht glänzend anzuschaun.

Wer dann „polnische Karpfen" nicht essen mag,

Der lernt's nicht bis zum jüngsten Tag,

Da gieb dir Müh' auch weiter nicht,
Und koch ihm lieber ein ander Gericht.

✽

60. Frische (grüne) Heringe gebraten.

Die Fischlein zart und silberhell
Richtet man zu und legt sie schnell
Zwei Stunden in Marinade ein,
Die muß aus Salz und Citronensaft sein.
Wenn dann sie abgetrocknet sind,
Wälze sie in Mehl, mein Kind,
Paniere sie mit Semmel und Ei,
Und brat sie in Butter: eins, zwei, drei!

Nota bene:

Wenn welche davon übrig blieben,
Lasse dich ja nicht dadurch betrüben.
Wenn sie kalt geworden sind,
Pack sie in einen Topf geschwind.
Geschnittene Zwiebel, ein Lorbeerblatt,
Citronenscheiben und was man hat
Von Würzen gerade noch zur Stell',
Thut mit Essig und Salz man drüber schnell.
Dann läßt man's ein, zwei Tage stehn,
Hernach wirst du schon sicher sehn,
Wie gut sich abends schmecken läßt
Dein Mann den ganz famosen Rest.

✽

61. Hummer zu kochen.

Der Hummer tief im Meere wohnt,
Sieht häßlich aus, indessen
Gekocht auf feinster Tafel er
Gehört zu den Delikatessen.

Viel Wasser mußt du kochen
Mit Salz und Kümmel gleich
Und darin lassen sieden
Die Hummern langsam weich.

Sind sie dann abgekühlet,
Reib mit 'nem Tuch sie blank,
Bestreichst du leicht mit Oel sie,
Hell glänzen sie zum Dank.

Dann bringt man sie zur Tafel,
Wenn man verziert sie hat
Mit frischer Petersilie
Und Blättern von Salat.

Läßt warm du sie verzehren,
Gieb dazu Butter frisch;
Zu kaltem Hummer lieber
Sauce remoulade auftisch.

Nota bene:

'ne Abart davon ist
Die Mayonnaise von Hummer,
Gern ißt dein Mann sie wohl
Im Winter und im Summer.

Aus Büchsenhummer kannst —
Er wird nicht deshalb streiten —

Wenn du nicht frische haſt,
Sie leichtlich ihm bereiten.

62. Gurkenſalat.

Eine ſchlankgewachſne Gurke,
Die hübſch grün, wähl aus,
Wirſt dran deine Freude haben,
Bringſt du ſie nach Haus
Kurz bevor Ihr ſie wollt eſſen,
Nimm ſie erſt zur Hand,
Schäle, waſche, hoble fein ſie
Zierlich und gewandt.
Gieß nun reichlich Oel darüber,
Nur auf dieſe Art
Wird der friſche Saft der Gurke
Dem Geſchmack bewahrt.
Haſt das Oel du leis verrührt,
Magſt du weiter ſchreiten
Und mit Eſſig, Salz und Pfeffer
Fertig ihn bereiten.
Ob du Zucker dran nun thuſt,
Kommt meiſt darauf an,
Wie es einſt damit gehalten
Die Mutter von deinem Mann.

63. Kartoffelsalat.

Am besten zum Salat, mein Kind,
Die „Mäuschen" genannten Kartoffeln sind,
Doch thut es auch jede andre Art,
Die nicht sehr mehlig und recht zart.
In eine Schüssel kannst du nun
Oel, Essig, Salz, Pfeffer und Zwiebeln thun.
Wenn die Kartoffeln weich gekocht sind,
Werden sie geschält und geschnitten geschwind,
Damit sie ja noch warm mögen sein,
Wenn in die Sauce sie kommen hinein.
Ein wenig laue Fleischbrüh' zum Schluß
Darüber man noch geben muß.
Um vor Mißlingen dich zu bewahren,
Merk dir's, an Oel darfst du nicht sparen;
Es müssen davon, soll es schmecken fein,
Auf ein Teil Essig vom Oel deren zweie sein.

64. Polnischer Salat.

Wie in einem polnischen Parlament
Man gar verschiedne Elemente kennt,
Von denen jedes durch mächtiges Schrei'n
Es versuchet das erste zu sein,
So daß man genau kaum erkennen kann,
Welcher gerade der sprechende Mann,
So kann man in diesen Salat ohn' Erschrecken
Die allerverschiedensten Sachen stecken.

Im Geschmack muß süß, sauer und salzig er sein,
Doch vorherrschen darf da nie Eines allein.
Zu allererst sind zur Bereitung von nöten
Drei Hering' gewaschen und ohne Gräten,
Wozu etwa zwei Tellerchen voll
Gekochte Kartoffeln man nehmen soll.
Drei große Aepfel, 'ne dicke Zwiebel
(Zwei Sellerieköpfchen sind auch nicht übel)
Drei Essiggurken dazu dürfen's sein
Und ein paar Löffel Rotrüben fein —
Auch mögen Reste von Schinken und Braten
Ganz dreist dazwischen dir geraten. —
Dies alles hacke kurz und klein,
Thu in 'ne Schüssel es hinein,
Und mische dann noch frisch und munter
Oel, Essig, Pfeffer und Kapern drunter,
Salz, Senf und Zucker endlich sind
Höchst nöt'ge Ingredienzien, mein Kind.
Ist tüchtig zum Schluß dies alles verrührt,
Streich's glatt auf die Platte, wie sich's gebührt,
Verzier es voll Phantasie und Verstand
Mit allem, was lecker und passend zur Hand:
So Eier, Sardellen und Gürkchen klein —
Auch Feldsalat macht sich sehr fein —
Und führest du das geschickt recht aus,
Wird ein appetitliches „Stillleben“ draus.

65. Aepfelmus.

Zu Braten und Mehlspeisen allerlei
Stellt gerne man Kompotte dabei.
Die lassen sich nun, ganz ohne Streiten,
Auf sehr verschiedene Art bereiten.
Im Winter muß man sich meist bequemen,
Konserven oder Dörrobst zu nehmen,
Während in den schönen Sommerwochen
Man stets kann, was gerade reif ist, kochen.
Nur den Apfel, ist er auch manchmal rar,
Kann man meist haben im ganzen Jahr,
Drum kommt auch Aepfel-Mus oder -Brei
Bei Kompottes meist in der ersten Reih'.
Wenn die Aepfel geschält und ausgekernt sind,
Kommen sie in wenig Wasser geschwind,
Und mit Citronenschale sogleich
Kocht man sie unter Rühren weich.
Durch ein Sieb streicht man sie dann,
Thut zum Schluß den nötigen Zucker dran,
Und in Familien, wo das beliebt,
Auch man noch Korinthen darunter giebt.

66. Aprikosen-Kompott.

Wenn Wasser und Zucker aufkochten fein,
Leg die geteilten Früchte hinein,
Ein wenig Wein dazu dann thu
Und deck den Deckel feste zu.

Doch ja recht sanft nur laß sie sieden,
Denn dadurch wird allein vermieden,
Daß die Aprikosen ganz zergehen
Und häßlich sind dann anzusehen.
Sind weich gekocht die Früchte, nun
Mußt du sie vorsichtig in 'ne Schüssel thun.
Die Steine klopf unterdessen entzwei,
Gieb die Kerne, geschält, dem Safte bei,
Laß beides kochen noch eine Weile
Und gieß es dann recht heiß in Eile
Ueber die Früchte und lasse sie schön
Stille bis zum Verkühlen stehn.

    Nota bene.

Pfirsiche kochst ganz ebenso du,
Nur nimmst du die Kerne nicht dazu;
Dagegen schmecken sie „nicht ohne!"
Mit dem Saft von einer halben Citrone.

67. Birnen-Kompott.

Die Birnen schäle sauber ab
Und schneide sie entzwei,
Kern hübsch sie aus und stelle sie
Alsdann mit Wasser bei.
Dazu mußt Zucker geben du,
Citronenschal' und Zimt,
Und wer es gerne leiden mag,
Auch Nelken daran nimmt.

Dies laſſe kochen ohne Ruh'
Der Stunden drei bis vier,
Dann werden ſie hübſch rötlich ſein
Und herrlich ſchmecken dir.
Sehr kleine Birnchen ſchälſt du ganz,
Entfernſt nur Blum' und Stiel'
Und kochſt ſie auf dieſelbe Art,
Vielleicht nicht ganz ſo viel.
Die Brühe kochſt du tüchtig ein,
Thuſt dicklich ſie geſtalten,
Und eh' du aus ſie gießen wirſt,
Laß ſie erſt hübſch erkalten.

68. Kirſchen-Kompott.

Erſt ſteint man aus die Kirſchen,
Halb ſauer und halb ſüß,
Nachdem man auch die Stiele
Natürlich nicht dran ließ.
Drauf die geſtoß'nen Kerne
Mit Waſſer und mit Zimt
Kocht man ein halbes Stündlein —
Wer's liebt auch Nelken nimmt.
Die ſo erzielte Brühe
Gießt dann man durch ein Sieb
Und füget dazu Zucker,
Wie einem grade lieb.

Thut da hinein die Kirschen
Und kocht sie leise weich;
Dann schöpfet aus der Brühe
Man sorgsam 'raus sie gleich.
Die Sauce aber kocht man
Zu dickem Syrup ein,
Hernach wird's sicher munden
Gar herrlich groß und klein.

69. Kalte Charlotte mit Früchten.

Diese Speise prächtig schmecket,
Ist gar kühl und frisch,
Und verziert, hübsch angerichtet,
Sicher jeden Tisch.
Von Orangen ein Gelee
Mußt du erst bereiten,
Nachher um 'ne glatte Form
Nett Makronen breiten.
Mit gebröckeltem Biskuit
Füll die Lücken dann,
Damit die Makronenschicht
Ja nicht umfall'n kann.
Frische Beeren mußt sodann
Du zusammen mischen,
Eingemachte Ananas
Schmeckt sehr fein auch zwischen.

Stelle dann die Form aufs Eis
Und pack zart und leise
Das Gelee und auch die Frucht
Ein geschickter Weise.
Lasse langsam es erstarren
Auf dem Eis. Indessen,
Schnell in heißes Wasser halt's,
Eh' ihr es wollt essen.
Auf 'ne Schüssel stürze es
Mit Vorsicht und Bedacht. —
Du wirst seh'n, wie herrlich sich's
Auf der Tafel macht.

❦

70. **Eierkuchen** (Pfannkuchen).

Auf jeden Esser rechnet man
Landläufig meist ein Ei,
Doch nie von Schaden wird es sein,
Spendierst du deren zwei.
Dazu nimmst du der Löffel Mehl
Etwa so viel als Eier
Und rührst mit etwas Salz und Milch
Die Masse ungeheuer. —
In einer Pfanne Butter nun
Laß werden heiß und braun
Und back die Küchlein nach und nach,
Recht lecker anzuschau'n.

Das Weiße kannst du auch zu Schnee
Erst schlagen noch inzwischen
Und kurz eh' du zum Backen kommst
Es hübsch dem Teig beimischen.
Wer gerne süße Speisen ißt,
Thut Zucker dran und Zimt,
Doch wer was Kräftiges lieber hat,
Geschnittnen Schnittlauch nimmt.

71. Kartoffelklöße.

Kartoffeln, die man reiben will,
Müssen erst recht gut erkalten;
Drum 'ne gute Köchin wird,
Um sie richtig zu erhalten,
Stets den Tag schon v o r dem Essen
Auch das Kochen nicht vergessen.
Auf eine dicke Kartoffel
Nun rechnet man ein Ei,
Und fügt mit Salz und etwas Mehl
So nach und nach dies bei,
Bis glatt die Masse sieht dann aus,
Und formt recht runde Klöße draus.
Die muß man nun in Wasser,
In welchem Salz auch war,
Sorgfältig und bedächtig,
Vor allem kochen gar.

(Das Garsein thun die Klöß' anzeigen
Dadurch, daß sie nach oben steigen.)
Dann schöpfe sie behutsam aus,
Schneid mitten sie entzwei,
Schmelz sie mit Butter, darin Weck,
Liebt ihr's, auch Zwiebel sei.
Dazu wird mancherlei — indessen
In Berlin meist „Musſauce" gegessen.

❧

72. Puffert. (Kartoffelpfannkuchen.)

Rohe Kartoffeln reibst du fein
In klares, frisches Wasser hinein. —
Davon, das merke dir genau,
Bleibt weiß der Teig und wird nicht grau.
Dann gießt du die Masse durch ein Sieb,
Doch auf den Satz hübsch acht mir gieb,
Damit du nicht voll Uebermut
Fortschütt'st das Mehl, das wär' nicht gut,
Das mußt du, hast du's geklärt inzwischen,
Zuerst gleich an das Geriebene mischen.
Dann thue Salz und Pfeffer darunter,
Reib eine Zwiebel drüber munter,
Hol ein paar Löffel Mehl herbei
Und der Eier zwei bis drei.
Hast du das alles verrührt recht fein,
Wird der Teig wohl fertig sein.

Butter oder Schmalz mußt nun
Du reichlich in die Pfanne thun,
Drin backe die Küchlein recht knusprig und braun,
Gar lieblich zu riechen und anzuschau'n.
Dazu, wie mancher wird bekunden,
Thut frischer Salat gar herrlich munden.
Auch frisches Gemüse ist gut, indessen
Bei manchem Gast darfst du nicht vergessen,
Daß er, soll es ihm sein Genuß,
Dazu ein Aepfelmus haben muß.

73. Leber-Klöße.

Ein Pfund Leber, hübsch gewaschen,
Mußt abgehäutelt schaben du —
Dann nimmst du etwa 60 Gramm
Gehacktes Nierenfett hinzu.
Darüber reibst du ein paar Zwiebeln
Und nimmst der Wecke*) dazu zwei,
Von denen einer eingeweichet,
Der andere gerieben sei.
Dies alles thu in eine Schüssel
Und schlag der Eier zwei daran,
Muskatnuß nimm nebst Salz und Pfeffer,
Vergiß auch ja nicht Majoran.
Nun mußt du alles tüchtig rühren —
Dann in die Masse streu hinein

---

*) Semmel.

So viel der Löffel feinen Mehles,
Bis es ein steifer Teig wird sein.
Dann koch die Klöß' in reichlich Wasser,
In welches du hast Salz gethan,
Und richt sie mit gedämpfter Zwiebel,
Nach Wunsch auch ohne solche, an.
Am besten dazu schmeckt euch wohl —
Recht fein gekochter Sauerkohl!*) —

74. Kartäuser-Klöße.

Von ein paar Brötchen**) mußt du ab
Die Schale reiben dir
Und dann sie hübsch zerschneiden
Jed's in der Stücke vier.

Von Milch und Salz und Eiern
Rühr eine Mischung gleich
Und laß die Stückchen werden
Darin ein wenig weich.

Dann kannst du aus sie drücken
Und wälzen sie geschwind
Im Weckmehl, zwischen welchem
Gestoß'ne Mandeln sind.

Wenn dann in heißer Butter
Sie backten, man sie nimmt
Und streut sie ein recht reichlich
Mit Zucker und mit Zimt.

*) Sauerkraut.
**) Semmeln.

Dazu giebst du 'ne Fruchtsauc',
Auch eine wohl von Wein;
Um besten aber sicher
Doch wohl dürft' „Chaudeau" sein.

❧

75. Süße Speisen.

Crême, Pudding oder Flammeri
Fehlen darf am Sonntag nie,
Denn es denkt der Kinder Schar,
Ordentlich nicht Sonntag war,
Wenn Mamachen nach dem Essen
Heut das S ü ß e hätt' vergessen.
Manch ein kleines Leckermaul,
Das sonst bei der Suppe faul,
Ißt heut brav den Teller leer —
Sonst giebt's nichts Süßes hinterher.
Auch bei größern Gastereien
Giebt es Eins stets von den Dreien,
Und da thut der Kindermund
Oftmals diese Weisheit kund:
„Hat die Mutter g r o ß e Gäste,
Sind das Beste doch die Reste!"

❧

76. Biskuit-Pudding.

Zuerst nimmst du der Eier acht
Und teilst sie sorgsam, voll Bedacht,

Daß ja das Weiß und Gelb vom Ei
Recht ordentlich geschieden sei.
Dann zu den Dottern fügest du
Ein Viertel gestoßenen Zucker dazu,
Nebst einer Citrone Schale und Saft,
Und rührest dies mit voller Kraft
So lang, bis es so steif und dicht,
Daß umfällt drin der Löffel nicht.
Ein Täßlein Mehl dann hol herbei,
Zuletzt den steifen Schnee vom Ei. —
Wenn gut geschmiert die Form du hast,
Füll gleich hinein den Teig ohne Rast
Und lasse ihn ununterbrochen
Ein knappes Stündlein im Wasser kochen.
Dazu am schmackhaftesten wird sein
Eine kräftige Sauce von weißem Wein,
Und geriet es dir wohl, so wird vertragen
Dies zarte Gericht selbst ein schwacher Magen.

77. Chokoladen-Pudding.

Zwölf Lot Butter rühr zu Sahne
Schaumig ohne Rast;
Füg bei Nelken, Zimt, Vanille,
Die du erst gestoßen hast.
Immer weiter mußt du rühren,
Während du fügst bei:

Acht Lot Zucker und ein Dutzend
Gelbe dann vom Ei.

Auch gerieb'ne Chokolade
Nimmst du gut sechs Lot,
Und dazu zehn Lot recht schwarzes
Feingestoßenes Brot.

Den steifen Schnee zum Schlusse
Mir noch darunter misch,
Koch es zwei kleine Stunden
Und gieb es dann zu Tisch.

Sicherlich dazu thut schmecken
Eine „Soß" von Wein;
Nach Belieben aber kann es
Auch Vanillensauce sein.

❧

78. Plumpudding.

Der Englishman, so geht die Sage,
Ißt diesen Pudding alle Tage —
Auch mancher Deutsche gern bekundet,
Daß dies Gericht ihm trefflich mundet,
Und wär's auch sicherlich vermessen,
Wollt' man es alle Tage essen,
Nimmt's übel nicht dir der Gemahl,
Bringst du es ab und zu einmal.
Erst ein Pfund Nierentalg hackt man fein,
Der von den Häutchen befreit muß sein,

Dazwischen man, daß er trocken bleibt,
Nach und nach ein Pfund Semmel reibt
Und darüber streut aus demselben Grund
Feines Mehl, etwa ein Viertelpfund;
Dann 12 Lot Zucker füge man
Und eine Prise Salz daran,
Gemahlner Zimt und Nelken muß
Herzu auch und Muskatennuß,
Acht bittere Mandeln, fein gestoßen,
Ein Pfund Rosinen, von den großen,
Ein Pfund auch von den kleinen geschwind,
Die man nennet nach der Stadt Korinth.
Wenn dann noch acht Lot Citronat
In Würfel man geschnitten hat,
Nimmt man der ganzen Eier zehn
Nebst 'ner Citronenschale schön,
Und rührt mit einem Schoppen Rum
Sowie 'nem Schoppen Rahm es um.
Dann wird es in eine Serviette gebunden,
Und muß kochen w e n i g s t e n s vier Stunden.
Damit recht gemächlich es gar werden kann,
Rührt man den Teig schon am Vorabend an.
Eine Punsch- oder Rumsauce gut
Am besten dazu passen thut;
Und soll ganz e c h t der Pudding sein,
Muß er brennend kommen zur Tafel herein.

79. Flammeri von Reisgries und Fruchtsaft.
(Rote Grütze.)

Beere ab Johannistrauben
Einen Teller voll,
Von Himbeeren ganz genau so
Viel man nehmen soll.

Dazu füg 'nen Liter Wasser,
Koche Saft draus fein,
Der am Ende durch ein Tüchlein
Ausgepreßt muß sein.

Reichlich Zucker, bittre Mandeln
So ein Stücker acht,
Werden mit dem feuchten Reisgries
Kochend nun gemacht.

Hast du schließlich davon fertig
Einen steifen Brei,
Hol, mit Wasser ausgespület,
Eine Form herbei;

Lasse drin recht gut erkalten
Dies erfrischende Gericht,
Und vergiß mir beim Servieren
Die Vanillensauce nicht! —

❦

80. Citronen-Crême mit Wein.

Der Löffel Mehl just anderthalb
Rührst mit acht Dottern du

Und fügest dann so nach und nach
Noch alles dies dazu:
Von 'ner Citrone Schal' und Saft,
'ne halbe Flasche Wein,
Vom Zucker aber darf es dreist
Ein halbes Pfündlein sein.
Dies alles quirlst du möglichst klar
Und rührst, ward's dick, am Feuer
Zum Schluß, wenn's wieder abgekühlt,
Den Schnee dran der acht Eier.
Umstürzen darfst die Crême du nicht,
Drum wird es sich empfehlen,
Thust du die Schüssel für den Tisch
Gleich zum Eingießen wählen.

❦

81. Blancmanger.

Einen Liter süßen Rahm,
Zu dem noch Vanille kam,
Läßt du nach dem Kochen schön
Zugedeckt beiseite stehn.
Acht b i t t e r e Mandeln, die man stieß,
Mit 'nem Viertelpfund, die süß,
Drei Lot Hausenblase und
Zucker gut dreiviertel Pfund
Mußt du h e i ß dazwischen
Recht gehörig mischen.

Wenn du ſtrichſt es durch ein S i e b ,
Es in ’ne S e r v i e t t e gieb,
Durch die du es zu preſſen
Mir ja nicht darfſt vergeſſen.
Zuletzt thu es in eine Form,
Laß kalt es werden ganz enorm;
Giebſt du zu Tiſch es, ſei nicht dumm
Und ſtürze r e c h t g e ſ c h i c k t es um.

    Nota bene:

Kannſt es auch, ohn’s zu verderben,
B r a u n mit Chokolade färben,
Und ſervieren es alsdann
Ringsum mit geſchlag’nem Rahm.
Junge Mädels, junge Frau’n,
Alte Tanten werden traun,
Wett’ ich, gerne davon eſſen;
Eines rat ich dir indeſſen:
Von dem leckeren Gericht
Bereite ja zu w e n i g nicht.

82. Feenſpeiſe.

Ein Dutzend ſchöne, große Aepfel
(Am beſten man Renetten nimmt)
Die ſchäle ab und ſetz aufs Feuer
Mit wenig Waſſer ſie geſchwind.
Dort müſſen ſchleunigſt weich ſie kochen,
Citronenſchale dazu gieb,

Dann rühr in eine g r o ß e Schüffel
Sie recht behutfam durch ein Sieb.
Von vier Citronen jetzo drückeft
Darüber aus den Saft fchnell du
Und thuft nebft zwei Lot Gelatine
Ein Pfund gefiebten Zucker zu.
Wenn es dann lauwarm wurde,
Nimmt man 'ne Rut' von Draht
Und peitfcht's, bis weiß und dicklich
Die Maffe ausfehn that.
Dann gießet man ein wenig
Recht guten Rum daran,
Thut's in 'ne Form und läffet
Es auf dem Eis erftarr'n.
   Nota bene:
„Feenfpeife" heißet dies Gericht
Warum? — Das weiß ich felber nicht;
Ich habe fchon Leute es gern effen fehn,
Die waren alt und gar nicht fchön;
Auch find die Feen doch w e i b l i c h e Wefen,
Und die ich bemerkte, find M ä n n e r gewefen;
Selbft b ö f e B u b e n thatens fchon kund,
Daß ihnen nach m e h r gewäffert der Mund.

❧

83. Weihnachtsgebäck.

Naht die fchöne Weihnachtszeit,
Ift die Hausfrau gern bereit,

Jhre Lieben, groß und klein,
Auch damit noch zu erfreu'n,
Daß sie bei den andern Gaben
Stets etwas zu knabbern haben.
Und sie brät und backt geschwind,
Was mag munden Mann und Kind.

Manchem Mann mit weißem Haar,
Der im ganzen langen Jahr
Niemals rührte Kuchen an,
Schmeckt es prächtig doch alsdann,
Und er denkt mit feuchtem Blick
An die Kinderzeit zurück,
Wo sein liebes Mütterlein
Selber backt', ihn zu erfreu'n,
Kuchen von besondrer Art,
Die dann schmeckten ganz apart.
Und er träumt sich wieder jung,
Schwelgt in der Erinnerung. —

Jn den weiten deutschen Gauen
Sehr verschieden anzuschauen
Und zu schmecken, liebes Kind,
Weihnachtsbäckereien sind.
Von den mannigfachen Arten
Ein'ge will ich dir verraten,
Uebst du sie voll Lieb und Fleiß,
Blüht dafür dir wohl als P r e i s,
Daß dein Liebster rufet aus:
„U m b e s t e n s c h m e c k t ' s b e i m i r i m H a u s!"

84. Marzipan.

Oben ganz in Deutschlands Norden,
Wo voll Eis und Schnee die Welt,
Backt man diesen Leckerbissen,
Der auch anderswo gefällt.

1 Pfund süße, 2 Lot bittre
Mandeln ziehet ab man fein,
Stößt sie dann in einem Mörser
Möglichst zu Atomen klein.

Sprengt dazwischen Rosenwasser
Bei dem Stoßen ab und zu
(Denn die Mandeln werden ölig
(Ohne dieses wohl im Nu).

Ein Pfund Zucker nun den Mandeln
Setzt man zu, recht fein gesiebt,
Rührt's auf ganz gelindem Feuer,
Bis 'nen trocknen Teig es giebt.

Auf 'ner Platte, über Zucker,
Rollt man diesen dann hübsch aus
Und kann nach Gefallen bilden
Allerhand Figuren draus.

Am beliebtesten von allen
Ist dabei die Herzensform;
So ein „süßes Herz" zu kriegen
Freut dein Schätzlein wohl enorm.

In dem alten, schönen Lübeck,
Welches an der Trave liegt,

Man das Marzipan ganz einfach
Nur zu trocknen sich begnügt.
Im „vernünft'gen" Königsberge,
Wo gelebt der weise Kant,
Backt man es ein wenig bräunlich;
Beides ist dir wohl bekannt? —
Ganz modern und realistisch
Streicht man an es in Berlin,
Denn da macht man „Frücht'" und „Blumen",
Ja, selbst „Käs" und „Wurst" von ihm.

❧

85. Darmstädter Anisgebackenes.

Zu 'nem Pfund Zucker mußt rechnen du,
Soll fein es werden, fünf Eier dazu,
Für der Pfennige fünfe nimm Anis,
Stoß fein Orangenblüte süß,
Und von einer Citrone hell
Reib ab die gelbe Schale schnell.
Dies alles muß man nach Gebühren
Mit etwas Hirschhornsalz verrühren
(Doch mehr man ja nicht nehmen soll
Als eine Messerspitze voll).
Soviel des Mehls dazu gethan,
Daß gut den Teig man wirken kann,
Rollt man ihn aus auf einem Brett
Und drücket dann mit Formen nett

Daraus viel Tier und Blümelein,
Wie sie das Kinderherz erfreun.
In einem w a r m e n Raume nun
Läßt man zwei Tage zum Trocknen es ruh'n
Und bäckt im verkühlten Ofen zum Schluß
Dies Konfekt, das ja hübsch hell bleiben muß.
  Nota bene:
Will man 'nen Teil davon r o s a färben,
So kann man, ohne es zu verderben,
Dazu ein wenig Cochenille mischen
Und geben Citronat dazwischen.

❦

86. Sächsische Stollen.

Wenn dir echte Leipziger Stollen
So recht gut gelingen sollen,
Machen freilich sie viel Müh',
Dafür aber schmecken sie
Jedenfalls auch klein und groß
Unbestritten ganz famos.
Zu sechs Lot Hefe quirlest du
Lauwarm 'nen Schoppen Milch hinzu
Und machst mit 'nem halben Pfund Mehl voll Geschick
Zuerst davon das „Hefenstück".
Das stellst bekanntlich du beiseit
Und läßt es „aufgehn" ein'ge Zeit.
Nun nimmst du Mehl, so knapp zwei Pfund,
Zucker acht Lot, vier Eier und

Ein Lot bittere Mandeln erster Güte
Nebst Salz, Citronenschal, Muskatenblüte,
Und rührst mit lauer Milch sogleich
Dies an zu einem festen Teig.
Jetzt fügest bei du ohne Bangen
Das Hefenstück, das unterdes gegangen,
Und knetest dann recht frisch und munter
Dreiviertel Pfund Butter sorgsam darunter.
Ein halb Pfund Rosinen, die ausgekernt,
Korinthen, von denen die Stiele entfernt,
Süße Mandeln, die fein man geschnitten hat,
Und vier Lot gewürfeltes Citronat,
Die werden noch zwischen den Teig gebracht,
Wobei du sorgfältig mußt geben acht,
Daß dieses krause Allerlei
Recht gut auch durcheinander sei.
Dann läßt zum langsamen Aufgehen
Am warmen Ofen das Ganze du stehen
Und formest endlich davon behend
Ein Ding, das man eben „Stolle" nennt,
Bestreichst's mit zerlassener Butter und
Läßt backen es reichlich eine Stund'.
Wenn es dann aus dem Ofen kommt,
Ihm nochmals ein Butteranstrich frommt,
Ueber den du dann recht zierlich und dicht
Vergißt zu streuen Zucker nicht.
  Nota bene:
Sehr lange Zeit bleibt frisch solch Stollen;
Doch Dinge, die sich halten sollen,

Die dürfen, das mußt du nie vergessen,
Auch nicht zu geschwind werden aufgegessen.

❦

87. Pfälzer Pfeffernüsse.

Pfeffernüff'l aus diesem Worte
Weht's uns an wie Weihnachtsduft!
Glaubst du nicht dabei zu atmen
Deines Elternhauses Luft? —
Fallen dir dabei nicht wieder
Alle Kinderstreiche ein?
Weißt noch, wie mit Pfeffernüssen
Man beim Spielen froh konnt' sein? —
Back sie selbst jetzt für die Kinder
Oder die Geschwister dein;
Werden gut sie, wird nicht minder
Auch dein Liebster sich dran freun.

———

Erst rührst ein halb Pfund Zucker
Du mit der Eier drei,
Dann holst du acht Gramm Nelken,
Grad soviel Zimt herbei.
Das mußt du beides stoßen,
Doch 'ne Citron' reib ab,
Da man von der die Schale
Bekanntlich nur dran gab.
Ein Dutzend bittre Mandeln
Und Blüte von Muskat

Mußt ebenfalls du ſtoßen,
Doch ſchneiden Citronat.
'ne Meſſerſpitze Pfeffer
Und grad' ſoviel Hirſchhorn
(Das letztere macht locker
Die Nüſſe ganz enorm);
Ein halbes Pfund vom Mehle
Füg endlich all dem zu,
So iſt der Teig wohl fertig,
Und tüchtig knet ihn du.
Nun forme die bekannten
Niedlichen Küchlein draus,
Und breite für drei Tage
Sie noch zum Trocknen aus.
Dann drehſt du um die Nüßchen
Und backſt ſie fertig ſchnell,
Doch mach zu ſtark' nicht Feuer,
Sie müſſen bleiben hell.

❦

88. Speculari (Rheiniſch).

Ein Pfund Mehl, das mußt du ſieben,
Zucker, halb ſoviel, gerieben,
Miſch mit friſcher Butter fein,
Davon muß's ein Viertel ſein.
Dazu giebſt geſchwinde du
Erſt zwei ganze Eier zu;
An Gewürz man vier Gramm Zimt
Und 'ne halb' Citronſchal' nimmt.

Wenn nun alles dieses nett
Durcheinander, auf dem Brett
Muß der Teig, um zu erstarren,
Kühl 'nen ganzen Tag verharren.

Dann zerpflückest du ihn schnell
Und streust drüber auf der Stell
Zwei Gramm Hirschhorn, welches munter
Tüchtig knetest du darunter.

Jetzt den Teig roll mit Geschick
Höchstens messerrückendick,
Stich ihn nett mit Förmchen aus,
Die du sicher hast im Haus,
Streich ihn an mit Eigelb und
Streu darüber Zucker bunt.

Nun sofort wird das Konfekt
In den Backofen gesteckt;
Muß drin backen ohne Säumen,
Bis es anfängt sich zu bräunen.

Ist es fertig, haben dann
Alle ihre Freude dran,
Und die Kinder voll Behagen
Alle Augenblicke sagen:
„Mütterchen, so gut noch n i e
Dir geriet Speculaci!"

✿

89. Baseler Leckerli.

Zu Basel in der Schweiz,
Da schmecken ganz famos

Wohl diese „Leckerli",
Behauptet klein und groß.

Doch auch noch anderwärts,
Des kannst du sicher sein,
Essen zur Weihnachtszeit
Sie gerne groß und klein!
Laß ein Pfund Honig werden
Erst auf dem Feuer heiß,
Schütt dazu ein Pfund Zucker,
Der durchgesiebt und weiß,
Und gieb auch noch an Mandeln
Ein ganzes Pfund dazu,
Welche zuerst geschnitten
Der Länge nach hast du.

Ist alles gut verrühret,
So nimm's vom Feuer weg
Und thue noch dazwischen
Wohl dieses auf dem Fleck:
Ein Pfund vom feinsten Mehle,
'ne halb Muskatennuß
Und 'ne Citronenschale,
Die fein man schneiden muß.

Ein Theelöffelchen Nelken,
Die man gestoßen hat,
Ein Gläschen feinen Arrak
Und reichlich Citronat.
Hat alles dies genügend
Zusammen man gebracht,

So muß der Teig k ü h l stehen
Etwa der Tage acht.
Dann rollt man auf der Platte
Ihn aus halbfingersdick
Und backt bei s t a r k e m Feuer
Ihn mit „Verstand" und „Glück".
Noch w a r m in kleine Stückchen
Schneid't man die „Leckerli"
Und hoffentlich dir lohnet
Ein „O h! w i e g u t!" die Müh'. —

❦

90. Berliner Pfannkuchen (Fastnachtskrapfen).

Wenn auch nicht am W e i h n a c h t s a b e n d
Gerade ißt man dies Gericht,
Fehlt beim richtigen Berliner
Doch es am S y l v e s t e r nicht.
Will recht fröhlich man begehen
In Berlin den Jahresschluß,
Stets man dieses mit P f a n n k u c h e n
Und 'nem duftigen Punsch thun muß.
Um die Küchlein zu bereiten
Mach zuerst 'nen Hefenteig,
Was dazu gehört, gieb obacht!
Melde ich dir hier sogleich:
Zwei Pfund Mehl, ein halb Pfund Butter,
Sechs Lot Hef', der Eier drei,

Salz, Citron', Muskatenblüte,

Zehn Lot Zucker muß herbei.

Dazu nimmst du Milch, 'nen Schoppen,

Und rührst alles glatt und zart.

G i n g der Teig, thu auf 'nen Tisch ihn,

Der mit Mehl bestreuet ward.

Runde, kleine Küchlein forme

Daraus nun, 'nen ganzen Hauf',

Stets auf e i n e s setzt du „Fülle"

Und ein z w e i t e s klebst du drauf.

Sind nun alle vorbereitet,

Laß ein wenig noch sie „gehn",

Und dann back in schwimmender Butter

Die Pfannkuchen braun und „schön".

Streu sie tüchtig ein mit Zucker,

Willst du's einfach geben nur;

Feiner freilich noch sie werden,

Ziehst du drüber 'ne Glasur.

Nota bene:

Was zur Fülle du spendierest? —

Nach Geschmack und Laune thu's;

In der bürgerlichen Küche

Nimmt man meistens Pflaumenmus.

91. Vom Einmachen.

Einmachen ist 'ne schwere Kunst,

Die man muß fleißig üben,

Eh' man darin so Meisterin ist,
Sie wirklich auch zu lieben,
Und nicht, wie Koch-Novizen thun,
Aus Angst vor dem Mißlingen
Sich selbst, womöglich andre mit,
In Aufregung zu bringen.
Im allgemeinen merke dir:
Es eine Hauptsach' ist,
Daß du peinlichste Reinlichkeit
Zu üben nie vergißt;
Nimm niemals einen irdnen Topf,
In dem mal Fett verwahrt;
Die Frucht zu reif auch nicht darf sein,
Sie sei von feinster Art;
In schlechtem Zucker halten sich
Nicht sonderlich die Früchte,
Drum ist das Sparen daran auch
'ne mißliche Geschichte.
In Büchsen, Töpfe, Gläser selbst
Legt man die Früchte ein,
Nimmt Zucker, Essig, Salz dazu,
Bisweilen Franzbranntwein.
Da mußt vor allen Dingen nun
Du suchen zu ergründen,
Ob Zucker wohl? — ob Essig mehr?
Bei „Ihm" wird Anklang finden.
Versuchst mit rechtem Eifer du's,
So wird dir's schon gelingen,

Im Lauf der Zeit es schließlich noch
Zur Meisterschaft zu bringen.

✽

92. Preiselbeeren in Zucker.

Zuerst man verlesen und waschen soll
Die Beeren. Dann in 'ner Kasseroll'
Setze mit kaltem Wasser sie an
(Sie verlieren ihre Herbheit dann)
Und lasse sie, wenn sie zu kochen anfangen,
Geschwinde in ein Sieb gelangen.
Wenn danach abgetropft sie sind,
Stell wieder aufs Feuer sie, lieb Kind,
Und laß' sie ein Weilchen ununterbrochen
Mit dem genügenden Zucker kochen.
(Zu zehn Litern Beeren wiegest du
Reichlich drei Pfund Zucker dazu.)
Dann kannst du, wenn sie ein wenig kalt,
Sie füllen in Töpf' oder Gläser bald
Und darfst, sind sie dir gut geraten,
Ausruhn von deinen „Einmach-Thaten".

✽

93. Reineclauden in Zucker.

Die Früchte müssen ausgewachsen,
Indessen hart und grün noch sein;
Die Stiele stutze mit der Schere,
Und mit 'ner Nadel stich hinein.

Dann setze sie mit vielem Waſſer
Und wenig Eſſig und Salz verſehn
Aufs Feuer, bis ſie kochen wollen,
Dann müſſen ſie zur Seite ſtehn,
Solange bis ſie weich geworden.
Jetzt ſie in kaltes Waſſer gieb,
Und endlich lege zum Verkühlen
Und Abtropfen ſie auf ein Sieb.
Auf ein Pfund Früchte mußt du kochen
Mit einem Schoppen Waſſer nun
Ein Pfund recht guten, weißen Zucker
Und dahinein die Pflaumen thun.
Am zweiten, dritten, vierten Tage
Kochſt neuerdings den Saft du ein
Und gießeſt heiß ihn auf die Früchte,
Er muß zuletzt wie Syrup ſein.
Nach letztem, endlichem Erkalten
Leg drauf Papier, getränkt mit Rum,
Darüber eine Blaſe ziehe
Und außen bind 'ne Kordel*) drum.
Dann heb an einem kühlen Orte
Es ſorglich auf bis zum Gebrauch,
Und eſſen mit Euch liebe Gäſte,
So ſchmeckt es denen ſicher auch.

*) Bindfaden.

94. Essiggurken mit Senf.

Von Schlangengurken, möglichst groß,
Machst du erst die Schale los,
Schneidest sie sodann verquer
In vier Teile ungefähr,
Putzt die Kerne sorglich raus
Und stutzest rundliche Stückchen daraus.
Diese werden fix alsdann
In Salzwasser, das kocht, gethan.
(Einmal müssen sie auf drin sieden,
Weichkochen werde ja vermieden.)
In 'nen Durchschlag ohne Müh
Zum Abtropfen legst du sie;
Wenn sie damit fertig sind
Thu sie in 'nen Napf geschwind.
Gieße Essig dann von Wein,
In dem ein wenig Salz muß sein,
Kochend über die Gurken hin,
Daß bequem sie liegen drin.
(Denn in kochendem Essig zu liegen
Für Gurken ist ein Hauptvergnügen.)
Nach einigen Tagen schüttet man
Die Gurken auf ein Sieb sodann
Und packt, wann gut der Essig abtropf',
Sie gleich in einen steinernen Topf.
Zwischen die Gurken kommen nun
Gar unterschiedliche Dinge zu ruhn:

Pfefferschoten, von den roten,

Muskatenblüte und Schalotten,

Ganzer Pfeffer, Knobelauch,

Estragon und Lorbeer auch,

Körner Senf, von den recht weißen,

Wonach sie „Senfgurken" heißen.

Wer es liebt, noch ganzen Zimt,

Meerrettich geschnitten nimmt.

Nur die Nelken ganz allein

Kommen in den Essig rein,

Kocht der, fisch sie wieder raus,

Und gieß ihn über die Gurken aus.

Wenn vergingen fast zwei Wochen,

Mußt du den Essig nochmals kochen,

Dann sind sie fertig, und nach Ermessen

Kannst du die Gurken lassen aufessen.

95. Quitten in Branntwein.

Erst kocht geschälte Quitten

Man halb in Wasser weich,

Dann in geklärten Zucker

Kommen sie allsogleich.

Den Zucker man bereitet,

Daß Wasser eine Tasse

Zu einem halben Pfund

Zuerst man kochen lasse.

Sind drin die Quitten weich,
Man kalt sie stellen mag
Und koch' noch einmal auf
Die Brüh' am nächsten Tag.

Am dritten Tage kocht
Man stark den Saft noch ein
Und gießt dazu genau
Soviel an Franzbranntwein,

Als es Fruchtbrühe ist,
Dies gießt zuletzt in Ruh
Man auf die kalten Quitten
Und macht die Gläser zu.

Nota bene:
So ein Kompott mit „Schnaps",
Das essen meistens gern
Die alten Junggesell'n
Und sonst v e r w ö h n t e Herrn.

96. Morcheln zu trocknen.

Wenn du auf dem Lande wohnest,
Oder machst 'ne Landpartie,
Oder Ferien genießest,
So, mein Kind, vergiß es nie,
Daß im Walde und an Ruinen
Pilze wachsen frisch und schön,
Die zu pflücken es erlaubt ist
Jedem, der sie hat gesehn.

Einige davon sind giftig,
Die natürlich nimmst du nie,
Doch die Morcheln, leicht erkenntlich,
Lohnen wohl des Bückens Müh.

Brauchen weiter keine Sorgfalt,
Nur vom Sande sie befrei,
Ziehe sie auf lange Fäden,
Trockne an der Luft sie frei.

Wenn im Winter dann verwendest
Du in deiner Küche sie,
Sei's zu Sauce, Supp', Gemüse,
Freust du dich der kleinen Müh,

Die du dir im Sommer nahmest,
Und es fällt dir wieder ein,
Wie an schönen, sonn'gen Tagen
Draußen konntest froh du sein.

Nota bene:

Hast du mal besondres Glück,
Fällt auf Champignons dein Blick,
Pack, was kann da weiter sein?
Ebenfalls dieselben ein.

Thust ans Frikassee sodann
Stolz du „selbstgepflückte" dran,
Werden, es ist keine Mär,
Sie dir munden dreimal mehr.

Schlußwort.

Haſt du die Verslein alle
Recht fleißig durchſtudiert
Und ſie auf ihre „Güte"
Der Reihe nach probiert,
Und haſt dabei gefunden,
Wie h ü b ſ ch das K o ch e n — dann
Geh hin und ſchaff geſchwind dir
Ein g r o ß e s Kochbuch an.
Bring ab und zu in Reime
S e l b ſt ein Lieblingsgericht,
Dabei, lieb Kind, vergiß auch
Die „Tante Liſe" nicht.